なんであの人
ばっかり！

どうせ
自分なんて……

「うらやましい」と思ったとき読む本

心理カウンセラー
心屋仁之助

あさ出版

あなたはいまのままでも、十分素敵！

はじめに

「自分を変えたい！」と思っているあなたへ

「なんであの人ばっかり！」

「どうせ自分なんて」

「あぁ、ツイていないな」

「どうして、いつも、私はダメなの」

「アイツより、自分のほうが上なのに！」


あぁ、うらやましい！　それにひきかえ自分は……。

そんな気持ちになることはありませんか？

それで、つい人を悪く思い、ときにはグチ（というか悪口）を言ってしまう自分に対して嫌気がさし、「私って、イヤな人だなぁ」とさらに自分を追い詰めてしまう――。

こんにちは。性格リフォーム心理カウンセラーの心屋仁之助です。

いままで、さまざまな方の悩みと向き合い、心をラクにするお手伝いをしてきました。

ただ、後述しますが、僕は世界一冷たいカウンセラーです。あなたを「救おう」とは思っていません。心をラクにする「お手伝い」、つまり「気づき」をお伝えするだけです。

でも、そのちょっとした気づきで、いままでの心のモヤモヤが一気に晴れてしまうことも多いのです！

ここで、ちょっと質問です。

もしかして、あなたは自分のことを「ツマラナイ」とか「ちっぽけ」なんて思っていませんか？

……それは大間違いだと断言します。あなたは、

素晴らしい人で、
いまのままでも十分素敵で、
かけがえのない存在

なんです。

「はっ、いきなり何を言っているの？」と、思われたかもしれませんね。
でも、そうなんですよ。本書を読み進めれば、この理由がよーくわかるハズです。

さらに言うと、自分を大切にして大好きにならないと、いつまでたっても「誰かがうらやましい病」は抜け出せません。

なぜなら、「自信のなさ」や「自分を好きになれない」矛先を他人に向けて、

勝手に嫉妬して、グチっぽくなり、すねているからです。

自分を過小評価した挙句に、そんなことになっているなんて、モッタイなさ過ぎる！

もっと自分を大好きになってほしい！　もっと自分に自信を持ってほしい！

その一心でしたためました。

自分に自信がなくて、人のことをうらやんでばかりいた僕が、自分を大好きに変われた方法です。

本書を通じて「素晴らしい自分」に気づいていただければ、こんなにうれしいことはありません。

心屋仁之助

第1章 「自分の良さ」は自分で気づかない

第2章 「ぶりっこ」はもうやめよう

第3章 「つらいコンプレックス」はこれでバイバイ!

第4章 「自分」が「自分」を認めよう

第5章 あなたは「かけがえのない」存在です！

本文イラスト／村山宇希

第1章

「自分の良さ」は自分で気づかない

あなたの「当たり前」が実はスゴイ！

自分の魅力は自分では気づいていない。当たり前過ぎて気づかない。

逆に、自分が魅力や売りだと思っていることは、他人から見れば「そう？」程度のこと。

あなたの本当の魅力、売り、長所は誰か他人が教えてくれるものです。

せっかく、「こんなイイところがあるよ」「あんなイイところがあるよ」と、教えてくれているのに、受け取れていないだけかもしれません。

その、

「それは、ないわ」

「当たり前過ぎること」

「自分がまだ価値を見出していないこと」

それを「自分の価値」だと気づき受けいれるところから、あなたのブランドがはじまります。

ブランドは「自分で決めるモノ」でも、「自分で売り込むモノ」でもなく、

「人が教えてくれるモノ」

そんな気がするのです。

たくさんの「いいところ」見逃していない？

僕は地方に伺うとき、その土地の名物をいただくのを本当に楽しみにしています。

決して高いものではなく、その地方では普段の食卓によく並ぶもの。

でも、そういうものっておいしいんですよね。そして、他の家庭料理同様、飽きないいし何かあったかい。

ただ、もてなす側としては、「せっかくいらしたのに、そんな普段使いのものを！」と考える。

結果、高級でおいしい「最高のおもてなし」……けれども、どこでも食べられる（失礼！）懐石料理などをご馳走していただいたり。


逆に自分がもてなす側だと、いくら「好き」と聞いてもなかなか「自分が普段食べているもの」を出す発想にはなりません。

極端なことをいえば「あなたの家のカレーが食べたい！」と聞いても（実はかなり多いのではと思っている）、なかなか出そうとは思いませんよね。

そもそもその普段**自分が当たり前のように思っているものが、「売り」「名物」とも気づいていない**かもしれない——。

これは、商売にも自分のことにも、当てはまるのではないでしょうか。

商売をしていて、自分の会社や店の「売り」って、地元の「売り」って実は見えていないことも多いのです。

そして、自分の「魅力」や「長所」も実は見えていない。

自分には当たり前過ぎて、見逃している。たくさんたくさん「いいところ」を持っているのに、ないものねだりをしてみたり。ムリヤリつくろうとしちゃったり。結果、あらぬ方向に迷い込んで、何だかイタイ人になったり。


自分の思う「いいところ」と、他人の求める「いいところ」が違う場合、自分では、もうすっかり当たり前過ぎて、一つも受けいれられないところ。

それが、いちばんの魅力なのかもしれません。

自分の「売り」に、早く気づこう

その「腹立ち」はどこから来るモノ？

子どもの頃、僕たちは、親から与えられた服を「着せて」もらいます。

そして、いつしかそれが「自分だ」と思いはじめる。

たとえば子どもの頃から、青い服ばかり着せられていると、「青」が自分だと思ってしまいます。

「赤が着たい」と言っても親が赤が嫌いだと着せてもらえないし、挙句、赤の悪口まで言われて「赤はダメなんだ」と思いはじめます。

そうなると、大人になっても赤を着ることができない。

もちろん、中には反発して、「赤しか着ない」という人もいるかもしれません。

逆にそういう人は、青を選べなくなってしまう。

この「青」か「赤」かという話は、そのまま「その人らしいか、らしくないか」という話につながります。

たとえば、「この人の生き方は〝赤が似合う〟〝赤がマッチしている〟」としても、ずっと青しか着てこなかった人が、いきなり赤を着ることはできません。自分の中の法律で、「赤はダメだ」と禁止されているからです。

だから、「赤」を着ている人を見たら腹が立ったりする。

でも**その「腹立ち」は、「〝ホントの自分ではない生き方〟をしている自分」に対してのもの。**だから、**「腹が立ったとき」**というのは、**もしかしたら本当の自分を見つけ、抑えつけてきたモノに出会った瞬間**かもしれません。

「自分に似合う服がわからない」

実は「自分に似合う服や生き方」は、周りの人が、ちょくちょく教えてくれているものです。

「あなたは、うーん、赤のほうが似合うね」「うん、赤素敵」「赤を着ればいいのに」と、周りの人は「客観的」に見てくれます。

ときには、赤の服をプレゼントされたりして。

でも、当の本人は「赤か、……それはないわ」「赤なんて、ありえない」「赤なんて、はしたない」と思っているので、**〝本当の生き方のヒント〟**をもらったのに、「バカにして!!」などと怒りはじめたりする。

ただ、この話からすれば「怒った」ということは、

「あなたの人生、そっちだよ」

「そっちが、ホントの自分らしい生き方だよ」

ということかもしれません。でも、そうやって「答え」を排除してしまって、

「自分に似合う服がわからない」とさらに悩む。

で、人に聞く。

「私に似合う服は何かな」

「うーん、赤でしょ」

「あ、それはないわ」

おいおい……。

アドバイスは素直に受けいれる

自分をなめたら、いけません！

「なりたい姿をイメージするだけでは何も変わらない。具体的に行動を起こすからこそ変わるんだ」

と、よく言われますが……。

僕はイメージを引き出すだけ、認識するだけでいいと思います。

そして、自分が「こんなことを考えていたんだ」「こんなことを思っていたんだ」と知るだけでＯＫ！

わざわざ行動を起こす必要は、ないのではないかと。

たぶん、「行動〝しなければ〟」「行動〝できない〟」と思っているときは、まだ自分がその「夢」や「思い描いたこと」に対して、「許可」できていないの

だと思うのです。言いかえれば、

・ムリだ
・ふさわしくない
・難しい

と自分の可能性を、過小評価しているのではないでしょうか。

それが「本当にやりたいこと」ならば「行動しなければ」ではなく、「行動してしまう」「行動したくてしょうがない」はず。

理由なんていらないし、先に体が動いてしまう気がするのです。

「行動できない」のは、心のどこかで「どうせ、ムリでしょ」「やっぱり不可能だよね」なんて、その思いを打ち消してしまっているから。

チャンスが来ても、尻込みして受け取れない。

いや、本当はチャンスはもう来ているのかもしれません。手を伸ばせばすぐ届くところ——ほら、いま、すぐ、そこに！

でも、それを受け取ろうとしない。どうして？

条件なんて、無視しちゃえ

まずは、

・こうなったら（立派な人になったら）
・ああなれたら（もっとやせたら）
・これができたら（お金がかせげるようになったら）
・これがなくなったら（病気がなくなったら）

という条件は無視！　まったく無視！

・これでいい

と思うこと。

「夢は叶うモノ」と思いましょう。

で、「夢は叶うモノ」だから、実は**「夢」ではなく「予告」**です。

だから、「叶えよう」とするのではなく、「叶う」と信じて待っているだけでいいのです。つまり**夢とは、「本当の自分らしさと可能性を受けいれる」ということ**なのです。

ついつい、自分のことを過小評価しがちなあなたに、言っておきます。

自分をなめたら、いけません！　可能性をなめたら、いけません！

今の自分をなめるなよ！

あなたは必ず何かできる人

「足りない病」から抜け出すために

「才能は磨くことで輝き、伸びていく」ということに異論がある人は、そうはいないかと思います。でも、「磨く」という言葉を聞くと、

・努力
・訓練
・知識をたくわえる
・技を磨く
・資格を取る

――のように「あれが、足りない！」「これが、足りない！」と、どんどん

足りないものを〝足し算〟するようなイメージでいませんか？

実は、以前の僕もそうでした。そして、足りないものが多過ぎて自分がちっぽけに見えて、イヤになるという繰り返し。足しても足しても足りない。

自分を磨きながら、自己嫌悪に陥ることもしょっちゅうでした。

「もっと、もっと」を捨ててみる

でも、あるとき「ふっ」と気づきました。

「磨く」というのは何かを身につけて、足し算することではないと。

小さな頃から身に染みつき、そしていままでこびりついていた、「〝よい〟と信じてきた」こと――たとえば、

- 親（世間）の価値観
- 正しさ
- 常識

・(自分の決めた)限界
・(自分の決めた)劣等感
・欠乏感や罪悪感
・成功すること
・結果を残すこと
・誰かの期待
・「スゴイ」と思われたい
・「見返してやる」という気持ち

もっと言えば、

・誰かを助けたい
・誰かに喜ばれたい
・誰かの役に立ちたい

などを**捨て、削ぎ落とした結果、「誰からしく」から「自分らしく」に変わっていき、それが自分を磨くことにつながる**のではないかと思うのです。

「足し算」から「引き算」に、考えをチェンジしてみませんか？

そうすればぐんとラク～になって、結果、肩の力が抜けて素敵な自分があらわれますよ！

でも、とてつもなく怖いですよ。

「足し算」から「引き算」へ、考えをチェンジ！

「いまのままの自分」でも十分素敵

あるとき、タクシーの運転手さんと話していたときのこと。

いつしか「好きなラーメン」の話で盛り上がり、そのとき口をついて出たのが、「足し算いっぱいのラーメンは、もういいですね」という言葉だったのです。

ダブルスープ♪　重厚感♪　複雑な味わい♪　こだわり食材をたくさん♪

もちろん、とってもおいしいし、クセになる。でも、それが「いい」とか「悪い」という話ではなく、僕は「もういい!」とそのとき思ったのです。

足し算で、どんどんいいものを足していく。

足し算で、どんどん不足を補う。

人生もこれと同じ。僕自身も、

これでもか！　これでもか！！　これでもか！！！

という足し算の人生を長いことずーっと歩み、「スゴイ！」と言われるために必死にやってきました。

「まだまだ足りない」「まだまだ足りない」って、ずっとずっとうなされていました。気がつけば、ぶくぶく太って身動きがとれなくなってしまった。

そんなゴマカシ、いりません

それが、ある日急に「足りている！」って気づいたのです。

もう十分。もう足さなくていい。

薄味でいい。素材そのまま、つまりいまのままの自分でいいと。

強い刺激に
目覚ましい効果
感動で劇的
一瞬で喜ばれる

つまりは「スゴイ！」――そう思われたい一心でずっとずっと、足し算を続けてきたわけです。でも、いつまでも終わらない欠乏感。
それがあるとき、ふと気づきました。「ある」から、もう「足さなくていい」と。

「ない」から「足さなければ」と思っていた。
「もっとがんばらなければ」と「ゴマカサナケレバ」とがんばっていた……。

がんばらない
それは、自分という素材に戻ること。

臭みもエグミもある
うまみが少ない
あっさり薄味

「うーん。ちょっと、コショウ足してみよっかな……」とかね。
僕はいま、そんなラーメンがいちばん好きです。
そして、そんな人がいちばん素敵だと思うようになったのです。

「自分」という素材に戻る

いちばん大切なのは「自分」でいい

「でもでも、〝使命感〟や〝誰かのため〟にがんばって、自分が磨かれることもあるんじゃない？」と思った方もいるかもしれませんね。

それは、否定しません。

「使命感」や「誰かのため」に、力を発揮し自分が磨かれることもあるでしょう。それが強烈なエネルギーになるわけです。

ただ、**その「使命感」や「誰かのため」の裏側には、強烈な「劣等感」や強烈な「罪悪感」がこびりついていることも多い**のです。

自分で、自分を認められない――。

「他人に感謝され認めてもらって、はじめて自分を認めることができる」というパターンです。

だから、「使命」「誰かのため」「誰かを助けたい」とがんばる。逆にいえば、**「他人が認めてくれないと自分を認められず、信じられない＝自信がない」**のです。

でも、よくよく考えてみれば、それは他人に感謝され役立つことで、

- **「自分が」満たされたり**
- **「自分が」許されたり**
- **「自分が」喜ぶ**

から。つまり、自分のことしか考えていない。

だったら、最初から他人より自分を大切にして、

- **自分のために**
- **自分がうれしいから**

・自分が楽しいから

ではダメですか？

「あなたの目」は何を見ている？

大事なのはなにが「正解か」ではなく、**あなたが「あなたをどう思っているのか」「誰を〝いちばん〟大切にするか」**なんです。

他人の目よりも自分の目！

あなたは、本当はどうしたいのでしょうか？　ちょっと自分と向き合ってみませんか。

だから、「誰かのため」という考えも、この際ゴシゴシと削ぎ落としてみましょう。自分の「本心」に近づいていくことが、自分を磨きます。

自分が心から楽しんで何かに取り組むと、大変なこともけっこう簡単にできるもの。そうすれば、いつの間にか自分が磨かれ、あわせて秘められた才能も開花するのではないかと思うのです。

気にするのは「他人の目」ではなく「自分の目」

無限大の可能性に気づくのは、いつ？

ビジネスや起業には「知識」が必要です。
でも、その「知識」よりも大切なことがあります。
それが、「いいんだ」と思う気持ちです。

「あんなことして、いいんだ」
「それ、しなくていいんだ」
「あ、そんなにうまくいっていいんだ」
「あ、心配しなくていいんだ」

という〝**心の制限**〟を外すこと、そちらのほうが大切です。

それは起業だけではなく、結婚でも、恋愛でも、子育てでも、お金でも、人間関係でも、会社の仕事でも、まったく同じ。

・しては「いけない」
・しなくては「いけない」

という「禁止」「強制」「抑圧」「否定」から、

・しなくても「いい」
・しても「いい」

と「許可する」こと。

「許可する」ことは、「許すこと」です。親や世間から「してはいけない」と禁止されたことや、「しなさい」と教えられたことに対し自分が〝そうすること〟を自分が許す。自分が〝それをしないこと〟を自分が許す。

そうすることで、はじめて自分らしい道を見つけていく。

その「手段」が仕事であったり、子育てであったり、結婚であったり、お金であるわけです。

だから、ことさらに「ビジネスってこうだよ」「子育てってこうだよ」なんて言う必要もありません。

勝手にいじけて、あきらめない

結局は、

もう、人を許してもいいんだ
もう、自分を許してもいいんだ
もう、子どもの頃の延長線上の服を着なくてもいいんだ
もう、自分で服を選んでもいいんだ

ということですね。

そして、「自分にはムリだ」と勝手にあきらめなくていい。

あなたには、あなたの知らない、無限の可能性があるのです。

そういえば僕の人生も「自分が勝手にいじけて、あきらめていた」のをやめてから、大きく変化したのです。

「自分にはムリ……」なんて、思わなくていい

「自分らしさ」にフタをしない

あなたは次のどちらの言葉のほうが、人前で言いにくいですか？
ちょっと一人で口に出してみて、どちらに抵抗があるか試してみてください。
まずは、

私は、ダメな人

（ここからは、声に出して言ってみて）

私は自分だけが正しいと思ってて、実は周りの人を見下してて、

・ホントは、大したことなくて

・ホントは、体にコンプレックスがあって
・ホントは、友達が少なくて
・ホントは、必死でがんばってて
・ホントは、かまってちゃんで
・ホントは、被害者のフリしてて
・ホントは、自分はスゴイと思っているけど隠してて
・ホントは、エロくて
・ホントは、冷たい人で
・ホントは、腹黒いこと考えてて
・ホントは、ケチでちっちゃくて
・ホントは、おもしろくなくて
・ホントは、とっても認めてほしいけど強がってて
・ホントは、過去に言えないことをいっぱいしてて
・ホントは、裏や匿名でしか文句の言えないチキンで
・ホントは、魅力がなくて

・ホントは、それがばれて嫌われるのが怖くて
・ホントは、ダメなやつなんです
・ホントは、劣等感と不安の塊なんです
・ホントは、それを隠しているんです

続いては、

▼▼▼私は、素晴らしい人

（これも、声に出して言ってみて）

私はみんなのアイドルで、
・ホントは、いろんな才能にあふれてて
・ホントは、とっても素敵で
・ホントは、優しくて

・ホントは、とっても自由で
・ホントは、親のことが大好きで
・ホントは、能力が高くて
・ホントは、何でもできて
・ホントは、あげまんで
・ホントは、アイデアにあふれてて
・ホントは、とっても目立ちたがりで華やかで
・ホントは、仕事もできて意見もしっかりしてて
・ホントは、天然で子どものようにかわいくて
・ホントは、優しくて
・ホントは、完ぺきで、素晴らしい人なんです
・ホントは、何をやっても許される人なんです
・ホントは、大きな大きな魅力と才能とパワーと自由と豊かさを与えられて
ここに生かされているんです
・ホントは、私がここにいるだけで、周りのみんなを幸せにする人なんです

・ホントは、それを知ってるから隠しているだけなんです
・ホントは、世界を変える力があるから、怖かっただけなんです
・ホントは、そんなこと言ったら、みんなに笑われたり期待されたりバカにされたりするから、隠してたんです

▼▼▼どうせ、私は

さて、どちらのほうが言いにくい？

どちらのほうが抵抗ある？


いずれにせよ言いにくくて抵抗があるから、「そうじゃないフリ」をして「そうじゃない」と思い込んで生きている。

つまり、「自分を隠して」「自分らしくなくして」生きている。

これを、認めて、笑って、堂々と言えるようになることが、自分らしく生きること。

自分を好きになること。
隠していた自分らしさ、忘れていた自分の素晴らしさを、どうぞ解放してください。
自分を好きになるって、素晴らしい自分になることじゃないんです。

どうせ、私は、愛されてる。
どうせ、私は、最高に素晴らしい。
どうせ、私は、ダメでも愛されている。

「愛されている自分」に気づく

第2章

「ぶりっこ」はもうやめよう

「魅力全開」でいいじゃない

ぶりっこって簡単にいうと、

・自分は素晴らしくないフリ（ダメなフリ）をしている
・自分はダメではないフリ（できる人のフリ）をしている

という自分の正体を隠して、「何者か」になりすまして生きているということです。

その「何者か」というのは、

・こうすれば、嫌われないだろう

・こうすれば、愛されるだろう

と〝思った〟人物像です。その「フリ」をしている。

でも、それがそもそも勘違いだし間違いのもとなんです。

素晴らしいの？　素晴らしくないの？

「できるフリ」「スゴイフリ」「優しいフリ」「いい人のフリ」

それはまだかわいい。でも、

「被害者ぶりっこ」「ダメな人ぶりっこ」「大丈夫ぶりっこ」「わかっている人ぶりっこ」

は、問題を大きくしがちです。人は「自分は素晴らしい」とわかってほしいと思いつつ、「自分は素晴らしくない」と卑下する不思議な生き物。

「あんた最低だね」と言われると、「そんなことない！（＝私はホントは素晴らしいのよ！）」

と憤慨し、でも、

「あなたはホントに素晴らしくて、万人に幸せを導く神様のような存在！」なんて言われると、「いえいえいえいえいえいえいえ、そんなことは」

と何回も「いえ」を繰り返し（笑）、急に身を縮める。

……。

もう、**素晴らしいんか、素晴らしくないんか、どっちやねん!!**

いいかげん、

・できないフリ
・ダメなフリ
・愛のないフリ
・魅力のないフリ
・大したことないフリ

をしていないで、**自分の魅力全開で素晴らしい花を開いてください。**

花は閉じているほうが力がいるのです。

自分を卑下しない

「謙虚」ってどういうこと？

僕はここのところ、何かを発信するときは「こうすれば、こうなるよ」のように、全部断定形を心がけています。

もちろん例外はあるし、そうではないこともたくさんあるでしょう。だから反発も多い。

でも発信者が、「こういうのもあるし」「こういう場合もあるし」と、リスクを避けるような言い方をしていても、人の心には何も響かない。

僕はいま受け取れる人にだけ、いま必要な人にだけ、自分の言葉が届けばいいと考えています。

そして、大切な人に向けて発信しているのです。

でも、フェイスブックに投稿した際に「いいね！」が増えたり、シェアをたくさんしていただくと、「外野」がいっぱい来るようになります。

「一部分」「見た目」「言葉づら」しか見ずに、「傲慢だ」「何様だ」「神だとでも思ってるんですか」「自分のことを成功者だって言っているんですか」とか言う人が出てきます。

「もっと謙虚に」「自分ならこうします」とわざわざ言ってくる。

僕からすれば、それこそ「何様？」と思います。

それこそ、その人は「自分のほうが正しい」と言っているわけですから。

一見、謙虚に見えることが……

「自分に自信を持つ」
「自分のことを認める」
「自分を肯定する」
「自分を愛する」

ことと、

「自慢」
「自信」
「傲慢」

を一緒にする人がいます。
ハッキリ言ってそれは、

傲慢は×　で
謙虚は◯
わがままは×　で
感謝は◯

なのだという決めつけ、つまり「傲慢」です。

その「自分が正しい」という傲慢な自分を、僕を通して見ているだけ。

実は傲慢だから謙虚にしようとするし、感謝がないから感謝しようとする。**感謝は自分の中からあふれ出すモノであり、「する」モノではない**ということです。

謙虚も「する」モノではなく「あり方」なのです。

自信があるからこそ、自分を肯定しているからこそ、謙虚に「している」のではなく、謙虚で「ある」だけなのに。

だから僕は「謙虚に自分を受け止める」ことにしました。

「自分はまだまだです」「自分はできないんです」「自分は大したことないんです」「自分はそんな価値がないんです」……。

と言いながら、「でも、認めてほしいんです」と言うバカなことをするのをやめたのです。

そんなに**自分を卑下して、自分を好きになれるはずがない。**自分がカワイソウです。
だから僕はもう自分のことを成功者と言うこと、自分のことを幸せな人として、生きる覚悟をしただけのことなのです。

感謝・謙虚ぶりっこ
できない人ぶりっこ
普通ぶりっこ
被害者ぶりっこ

全部同じ。

ハッキリ言って、気持ち悪いぜ。

「みんなのおかげー」とか、「助けてもらってる」とか、「感謝しなさい」とか、そんなの当たり前の前の前の前のことです。それをわざわざ声高に言い、主張することを「かわいこぶってる」と言うのです。

実は自分に自信のない人は自信満々の人や傲慢な人、いつも堂々としている人を嫌うという法則があります。

本当に自分に自信のある人は、そういった人がいても気にも留めないからです。本当は自分も自信があるのに、「謙虚がいちばんだ」と隠しているから臆面もなく自信を表に出している人が気になるのです。

そして、勘違いしたまま「威張り散らしたり傲慢な人は、本当は自信がないからなのよ」などと言ってみるのです。

……ええ、昔の僕ですが何か（笑）。

かわいこぶりっこ卒業

ネガティブな感情が湧いてきたら

誰かに対してネガティブな気持ちが湧いたとき、その正体は……

「素晴らしい私」の前を行くんじゃねー！
「素晴らしい私」より自由にするんじゃねー！
「素晴らしい私」をもっと大事にしろー！
「素晴らしい私」にもっと注目しろー！　気づけー！
「素晴らしい私」をもっと尊敬し、ほめたたえろー！
「素晴らしい私」にもっと感謝しろー！
「素晴らしい私」に、もっとお金を使え‼

って怒っているのです。実は。
あのね、まずは、そうやって怒っているあなたが、自分のことをそういう扱いしろー!!　と言いたい。

「素晴らしい自分」を、前に出せ!
「素晴らしい自分」を、自由にさせろ!
「素晴らしい自分」を、もっと大事にしろ!
「素晴らしい自分」に、もっと注目しろ!　気づけ!!
「素晴らしい自分」を、もっと尊敬しろ!　ほめたたえろ!!
「素晴らしい自分」に、もっと感謝しろ!!
「素晴らしい自分」に、もっとお金を使え!!

ってことです。
隠してないで、いじけてないで、うじうじしてないで、強がらず。

「どうせ、私は素晴らしい」と認めてしまえっ!

それは、実力以上の大舞台に出て、大恥かいて、大叩き受けるって、覚悟することなんです。

そして、自分のやりたいことで、活躍するって決めることでもあります。

遠吠えするなら、前に出ろ！

それが怖いから、実力の範囲の中の舞台で、

失敗しないように
どや顔していられるように
叩かれないように

小さく収まって
嫉妬して、強がって
謙虚や謙遜っぽく卑下して

同じ場所にいるってこと

それはそれで生き方の一つなので、否定はしません。

平和がいちばんですからね。

ただ……


遠吠えするならするで、ここで前に出て吠えろよ。

「スゴイ！」って言われたいなら、もう堂々と前に出ろよ。

「つまらん」とか、「まだまだ」とか、言われて腹が立つなら、言われてムキになるなら、自分で「最初からスゴイんじゃ」と言ってしまえばいい。

「私は素晴らしい」と認めてしまう

「悪口」を言う前にすべきこと

「素晴らしいから、もっと前に出ろ」と言えば、「イヤイヤ、まだまだ」「そんなつもりはない」。

そう言うから、「ダメだな」と言えば、「なにを！！」と怒る。

あなたは素晴らしいのでしょうか。素晴らしくないのでしょうか。いったいどっち？

前に出られないのは、「本当は自信がなくて、失敗して、うまくいかなくて、叩かれたり批判されたりバカにされて笑われるのが、怖いからです」と、認めてしまいましょう。

そのほうが、よっぽどカッコいいです。

「私はいろいろ怖いから、この外野でガヤガヤ言っときます」と。

こたつにあたって、ぬくぬくしてテレビを見ながら、

「あいつは、まだまだだな。わかってない」

「なんでそこ、もっと強気に行かんのや」

「俺ならこうするのに」

「失敗してもいいからガツンと行くんじゃ」


と、評論家に徹してますと（オヤジ⁉）。

まだそのほうがカッコいいし、おもしろい。

ニセモノの感謝なんて、いりません

本心を隠してニセモノの謙虚や感謝をしているから、他人がうらやましくて、
つい悪口を言いたくなってしまいます。

その覚悟をして世に出て活躍している人の、悪口を言うぐらいしかできない。
「自分がスゴイ」と認めたら、「他人のスゴイ」も認められるんじゃ。
「スゴイ」が違うから、同じ場所で戦わない。
スゴイ者同士は認め合い、学び合い、讃え合います。
これこそ、本物の謙虚です。

「叩かれること」を恐れない

それが「負け犬の遠吠え」です

「嫉妬」の気持ちが湧いたとき。

誰かの言動に、「悪口」や「陰口」「いやみ」を言いたいとき。

心の底のほうでは、「負けた」という屈辱がありませんか。

「自分のほうが、すごいし正しい」という気持ちがありませんか。

- あの人は、◎◎なやり方をしているけどあれはおかしい
- あんな傲慢なモノの言い方をしておかしい
- 自分のやり方が絶対に正しい

と。そして「だから自分はこんなやり方をしているんだ」と言う。

——え？？

それがその批判対象の人と、「同じことをしている」のだと気づいていません。

つまり、「嫉妬」「悪口」「陰口」「いやみ」……そういったネガティブな気持ちが湧いたとき、本当は心の底でこんな風に思っているのです！

まずは、「……ううっ、負けたぁ……」と。

でも、そんなことを認めたくない。中には「そんなことない！」と言う人も、いるでしょう。

では、もう一度。

「嫉妬」「悪口」「陰口」「いやみ」……、そういうことを言いたい気持ちがわいたとき、**心の奥の奥の奥の底の底の底のいちばん底には、「自分のほうが素晴らしい」という気持ちがある**のです。

「絶対にぃ！！！　自分のほうが素晴らしいぃぃぃぃ！！！」

と、強く強く思っているのです。

だから、反応する。

でも、そんなこと口に出すのは、カッコ悪いし恥ずかしいしバカにされるから、そんな気持ち知られたくない。


なので、他のやり方を批判しつつ「実は自分のほうが正しい」「実は自分のほうがスゴイんだぞ」というキーワードを、ちょいちょい挟んでくる。


「うちのほうがスゴイお客さんがいるんだよ」

「うちのほうがお客さんが多いんだよ」

「うちはお客さんに依存させない方針なんだ」

「商売を大きくやっても、しかたないんだ。わざと大きくしないんだ」――。

(心の声＝「自分のほうが実はスゴイんだ。でも、どうやって広めたらいいのかわからないんだ。大きくできないだけなんだ」)

って。遠吠え……。

▼▼▼「隠すこと」ヤメました

ええと、実は僕もそういうことをちょいちょいやっていたので、よくわかるのです。

あーーーーよくわかるよ、キミ。それはそれでしかたないんだ。

でも僕は、自分のいちばん底のその本音に気づいてもう、隠すことをやめたわけです。

ええ、**もうそんなゴッコ、やめた。かわいこぶるのやめた。ぶりっこやめた。**

「だって僕はスゴイんだから」「僕は素晴らしいんだから」「自分のやり方が最高なんだから」と思っているから。

「こうするといいよ」「みんな、こうしなよ」「こうすると幸せになるよ」「もう、ぜっっっったいだから」と、完全言い切りです。

人は言い切られると反発したくなるのがわかってて、それでも、自分が素晴らしいと思ったモノ、自分がいいと思ったモノはもう、臆面もなく「最高！！！」と言い切ることにしたのです。

臆面なく言い切ってみる

誰かに「嫉妬」を覚えたときには

もちろん世の中には、いろいろな正解があって、いろいろなやり方があって、きっと、みんな「自分が素晴らしい」と思っているから、それを伝えているんだと思います。

それはとてもいいことだし、みんなが「私がさいこーーーー!!!」って、堂々と叫べばいいと思うのです。

陰でこそこそと「嫉妬」「悪口」「陰口」「いやみ」なんてことに時間を使ってる時間があれば、さっさと告白すればいいのに。

「私のほうが、あいつなんかより、
本当は素晴らしいんだーーーーーーー!!!!」

「私が、世界一なんだーーー!!!」ってね。
すっきりするよ。気持ちいいよ。世界が変わります。

まだ、自信ないの?

もう、その小さなお山で威張ってないで、こそこそ自慢してないで下りてきて、一緒にもっと高いところに行きませんか。

でも、叫ぶの、恥ずかしいよね。
叫ぶの、カッコ悪いよね。

そう思っていたら、もしかしたらまだ自信がないのかもしれませんね。
本当は行ける力も才能も魅力もあるクセに。
そう思ってるクセに。

かわいこぶってんじゃねーぜ！
オメーは素晴らしーんだよ！！！
この言葉、一回口に出してみればいいい！

ざわざわしたらそれが本音。
それがあなたの気づいていない、あなたの力です。

心がザワついたら、それが本心

自分を「ゴミ箱」扱いにしていませんか？

「自分のやりたい気持ちを我慢する」ことや、「自分の言いたい気持ちを我慢する」ことは、自分をゴミ箱にしているのと同じ。

「自分さえ我慢すれば、自分が言わなければ、みんな幸せ」と。

中には何十年分もの、ゴミがたまってしまっている人もいる。どんどん自分が嫌いになっちゃうよ。

逆に、「私は言いたいことを言っているの」「私はやりたいことをやっているの」とばかりに、いろいろ周囲にまき散らす人もいます。

しかし、**「言いたいこと」と「本音」は違います。**

「本音」があるから、「言いたいこと」が出てくるのです。

そこに「ぶりっこ」がないか、よーく見ないとわかりません。

「〝やりたいこと、言いたいこと〟をしているぶりっこ」がいるからです。

一つ言えることは、**「本音は人を傷つけない」**ということ。

もし、「自分が言いたいことを言ったら人を傷つける」と思っているとしたら、それは本音ではないことを言っているということです。

そして、「傷つける」と思って吐き出した本音が、人を喜ばせることもある。人を喜ばせようと思った言葉が、人を傷つけることもある。

がんばれ、本音！　負けるな、本音！

「私は本音をいつも言っています。で、いつも揉めるんです。だから、本音は言えないんです」

何度でもいいます。それは、本音ではないのです。本音は人を傷つけません。本音を言うのがカッコ悪いと、それを隠して相手にぶつけるのは本音とは違います。

自分だけが犠牲になったり、一方的に相手を責めるのも本音ではありません。「本音」を隠してすねてないで、「本音」を言ってみると人生変わります。カンタンに。

人生はいつも、「本音」対「つべこべ（言う）」の戦いです。

時に、向こう（つべこべ）には、「べき」も加勢します。そしていつも、本音が劣勢になってしまう。

がんばれ、本音。

負けるな、本音。

そして、時に「つべ＆こべ＆べき」が天使、「本音」が悪魔のささやきと呼ばれるから困ったモノです。

悪魔よ、いま、立ち上がれ！！！

自分の中の「悪魔のささやき」こそが、自分を自由に豊かに幸せに生きる、最大のヒントなのかもしれません。

それを、「やめとけ」「普通は」「常識」「えらいことになる」「嫌われる」「損するぞ」「笑われるぞ」と止めてくれた天使が、最大の悪魔なのかもしれませんよ。

「本音」を言うと人生が変わる

本音は相手を傷つけない

じゃあ、本音ってたとえばどんなことなんだろう。

たとえば、誰かとの関係で、何かすっきりしない。相手に本音を伝えたのに、何か気持ちが晴れない。相手に本音を伝えたのに、相手に軽く扱われたり、逆切れされた。おかげでまた怒りが再燃した。


「せっかく本音を伝えたのに、ちゃんと勇気を出して言ったのに……」というのも、よくあることです。

この場合、勇気を出して伝えたところまでは、素晴らしかったと思います。

「揉めてもいい」と覚悟するのは、すごく勇気がいる。そこもちゃんとできた。素晴らしいと思います。

でも、思ったような結果にならなかった。なぜなんだろう――。

これは腹が立ったときの「本音」をちゃんと見つけていないから、すっきりしなかったのです。**本音は相手にぶつけるモノではなく「告白」するモノです。**

本音は、告白するモノ。
本音は、もらすモノ。

だから、本音は相手を傷つけません。

あなたが悲しくなった本当の理由

もう少しお話しします。
「もっと、○○してほしかった!!」「なんで、××したのよ!!」
こういうのも、「怒りを出す」という第一ステップとして大切です。

第二ステップは、「あのとき○○されて、悲しかった」「もっと、××してほしかった」。

おっ、これは結構本音に近づきました。これぐらいでも、言うのはとっても怖かったりしますよね。

心理学の世界でも、こういう「〝私〟を主語にした伝え方をしましょう」と言うところはあります。でも、実はこれはまだまだ本音ではない、表面上のものです。

その奥にもっともっと「見たくない」モノがあるのです。

ここに気づいて、ここをちゃんと「告白」しないから、いつまでもすっきりしないのです。それこそが、**「自分はどんな〝気〟がしたのか」**ということです。

あの人に「そんなこと」された。そのときに、あなたは、「〝○○なやつだ〟と言われた〝気〟がしたのか」。

あの人が「〜をしてくれなかった」。このときに、「〝○○なやつだ〟と言われたような〝気〟がしたのか」

ということです。あなたはこのとき、

つまらないやつ
かわいくないやつ
ダメなやつ

というようなことを、言われた〝気〟がしたのです。
だから、とてもとても悲しかった。だから、とてもとても腹が立ったのです。
これが本音なのです。

本音は告白し、もらすモノ

たぶんそれは〝気のせい〟だ

自分が、なんだか「すごくイヤなこと」を言われた〝気〟がした——。
ここに気づいてほしいのです。そう〝気〟づいてほしい。
ここに気づかないまま、「〝私〟を主語にすればいいんだ」とばかりに、

「私は、あのとき○○されて悲しかった」
「私は、もっと××してほしかった」

と、本音を言ったつもりになっても、これはただ相手を責めているだけに過ぎません。
相手も「責められた」と感じて傷ついて無視するか、「あなただってね」と

反撃するか、「いまさらそんなこと言われても」と開き直るしかありません。

それで、結局お互いにもやもやする。


「それをされると、イヤなんです」と言うのも、「ちゃんと言えた」というステップとしては大変素晴らしい。

でも、これもある意味「攻撃」「責め」として、相手には受け取られてしまう。

「それをされるとイヤだ」という"行動"ではなく、「なぜイヤなのか」という"理由"が本音なのです。

問題が起きるいちばんの理由

何かを「押し付けられ」たり、イヤなことを「され」たり、何かを「してもらえない」と、「○○な人と言われているような"気"がして悲しくなるんです。だからやりたくないんです」

という、自分の〝気〟に〝気〟づいてみてください。探してみてください。
そして、その〝気〟を相手に告白してみてください。もらしてみてください。
それをもらされたほうがなんて言うか、もう、想像つきますよね。
たとえば、

「それをされたら、役立たずって言われているような〝気〟がして、お前はこの程度の仕事をやっていればいいんだよと言われたような〝気〟がして、とても悲しいんです」

と言われたら、ひと言、

「ばーか。違うよ」もしくは、
「いやいやいやいやいや、そんなつもりはないよ」

などと言われて、自分の勝手な勘違いに気づいて終わりです。

そうすると恐ろしいことに気づきます。

それは〝問題は、気のせい〟だということ。だーれも、そんなこと言ってませんということ。あなた以外、そんなこと思っていませんということ。

そう、つまり、**人間関係において問題が起きるいちばんの「原因」は〝気のせい〟**だということです。

相手にそんなつもりはない
相手に悪気はない
相手は普通にしている
相手は何気なくやっているのに

それが、こちら側の〝気〟に触れただけなのです。自分の中にある地雷が爆発しただけなのです。そしてその地雷さえも〝気のせい〟なのです。

幼い頃から勘違いして思い込んでしまった〝気のせい〟で、自分が自分の周りに地雷を仕込んで誰かに踏ませて、自分で〝勝手〟に傷ついているのです。

「責められた」と感じたのは、「イヤなことされた」と感じたのは、「かまって
もらえなかった」と感じたのは……、
ただ、「感じた」だけなんだよー。
気のせいだよー。
気にしないでいいんだよー。

自分で勝手に傷つかない

本当の意味で「カッコ悪い」こと

僕は、ある頃から見た目をよくほめられるようになりました。

でも、実はあまり自分では容姿に自信がありません。まだまだ自分では改善点がてんこ盛りだと思っています。

それでも「〝いい〟とほめてもらえるなら、受け取ることにしよう、これも売りの一つにしよう」、そう決めたのです。

抵抗しても、変に謙遜してもしかたありません。人からはそう見えるのですから、しかたないのです。あるモノは、あると言ってくれるモノは、全部受け取って使いましょう。

そりゃ、いまだにムズムズしますけどね……。

でも、自分が逆の立場で人に、

「かわいいですね」と言って、

「いやいやいやいやいや」


って返されたら、なんだか悲しいですよね。

せっかくほめているのに、受け止めてもらえない。逆に、「外面だけなんでしょ」と言われることもある。

それが、「ありがとう！」って言われたら、ますますかわいさが増して、続けて他のイイところも見えてくるような気がします。


だから**変な謙遜はもうナシにして、素直にほめ言葉を受け取りましょう♪**

そうしたら、内面もホメてもらえるようになるのです。

これ、いまだに「見た目がいい」と言われて、ちょっとムズムズしてしまう僕にも、日々自分で言い聞かせています。

そして、逆に、内面しかほめてもらえない！　と嘆くあなた。
まずは内面をちゃんと「ありがとう」って受け取るんだ。
そうしたら、気がつけば、外面もいっぱいほめてもらえるようになるのです
（受け取るんだよ）。

ホントのお前はもっとスゲーぜ！

自分は大したことないんです
自分はそんな器じゃないんです
自分はそこまではムリです

あれがない
これがない
まだまだです

などと、もう言っている場合ではありません。

傲慢で
自信家で

というのを、恥や罪だと思うのではなく、**「自分を小さく見せるほうがよっぽど罪でカッコ悪い」**ことなんだと、知るときがきたのだと思うのです。


謙虚・謙遜と卑下は違います。

謙虚・謙遜という言葉に隠れて、自分を閉じ込めている場合ではありません。

それらをすべて受けいれた人が発する、「まだまだです」が本物です。

受けいれずに「まだまだです」と言うのは、謙虚・謙遜ではなく卑下といいます。ダメぶりっこです。

そんなお遊びのほうが、よっぽど傲慢です。

さぁ、ゲームのはじまりだ。
ホントのお前は、もっともっとスゲーんだ。自信、持て。

ほめ言葉を素直に受け取る

第3章

「つらいコンプレックス」はこれでバイバイ！

思い通りにいかないときは

受験でも資格試験でも、「選ばれなかった」経験をした人は多いのではないでしょうか。

そんなとき、いってしまえば、

「落ちた」
「選ばれなかった」
「不合格」

という、ネガティブなイメージがつきまといます。

だからといって、

「なかったことにしよう」
「平気なフリをしよう」
「意味があったんだ」
「受け止めよう」
「あんまり行きたくなかったし」

なんて、ムリに思ったり考えたりしなくていいです。そんなとき、まずは、

めいっぱい、自分を責めて
めいっぱい、落とした人のことを責めて
めいっぱい、悔しがって

ほしいのです。

答えは「あとから」わかるモノ

「選ばれる」か「選ばれない」かの両極端の結果が出る場合、どちらにしても心は動くもの。

この出来事で「揺れる心」をよーく見つめてほしいと思います。目をそらさないでほしいと思います。そのときに自分の中に、どんな「どうせ」が湧いてくるのか。

そして確実に言えるのは、**これらは「必要な経験」であり「絶妙のタイミング」であり「順番」である**ということ。

大丈夫！　僕もある技術のトレーナー資格に落ちたおかげで、いま自由に遊ばせてもらってますから。

答えは、あとにならないとわからないモノだから、目の前の出来事にいちいち振り回されないほうがいいですよ。

その出来事の意味や答えも探さないほうがいい。

ただ、「そうは言っても……」と思うかもしれませんね。

自分や人を責めてOK！　自分に自信をなくしてOK！

でも、それで**「どうせ」っていちいち自分を嫌いにならないで。**

長い人生、うまくいかないこともたくさんあるけれど、楽しいこともたくさんある。

そういうものですって。思い通りにならないから、人生はドキドキ楽しいものだともいえます。

「目の前の出来事」にいちいち振り回されない

いじめは「悪いこと」ではありません

「いじめ」問題が発覚すると、「いじめは、絶対にいけないことだ」「もっと学校がしっかりしないと」「もっと家庭がしっかりしないと」「もっと法律で厳しく規制するべきだ」「いじめは、悪いことなんだとちゃんと教えないと」……という議論になります。

あの子が「悪い」。先生が「悪い」。ちゃんと見ていなかった親が「悪い」。

「絶対にいけない」「厳しく追及」「取り締まり」「撲滅」……しようとすればするほど、それを見張り続けて、それを問題視し続けて、「本当の問題」が置き去りになってしまう気がします。

そうすればするほど「自然」の姿からどんどん遠ざかり、一点の曇りもない不自然な「真っ白」ばかりを目指して、結局は何かを追い詰めてしまう。

「いじめ」は「いけないこと」ではなく、「されるとつらいこと」です。

その**「つらいこと」を体験したときに、「どうするか」が生きること**です。

「いじめ」は〝雨〟〝雷〟〝台風〟のようなモノ。イヤがっても撲滅しようとしてもやってくる。避けられない。

それをすべて、「晴れ」だけの日にしようというのか。

まじめはいいことだけど、まじめは時に苦しいことになる。

ボールを握りしめないで

僕も、実は昔「無視」という目にあいました。

そして僕はそれを大きく受け止めてしまい、一人で考え抱え込んでしまったのです。大人になっても、ずっと抱え込んできました。

「無視されるような、そんな人なんだ」と、自分を恥じてしまったのです。

誰にも言えず、つらく苦しい日々でした。

でも、いまなら思えることは「全然そんなことはない」ということ。いまから思えばその間にも、普通に接してくれた友達はいたからです。


「いじめ」を受けたときに、どうするのか。抱え続けるのか。いったん抱えたあとにそっと降ろすのか。相手にぶつけ返すのか。

どちらにしても**「いじめられる人」に、自分で自分を認定してはいけません。**

たかだかそれだけのことで、自分を殻に閉じ込めたり、すねてしまったり、卑下してはいけないのです。

僕は、爆発することでその事態から抜けだしました。でも「自分はそんなことをされる人なんだ」という想いは、ずっと握りしめてしまった。

その経験が、いまこの仕事の役に立っていますけれどね。

「いじめられる自分」という罪

「言い返せない」という無力
「いじめに加わってしまった」という罪
「助けられなかった」という罪

もう、そんな罪はいらないのです。もう、みんな許されていいのです。

そもそもそんな罪はないのです。

きっと、その「罪」を何とかしようとして、いままでがんばってきたんじゃない？


——もういいじゃないか。


いじめは、変な話ですが「順番制」です。

いじめというボールが順番に回ってきたときに、そのボールを捨てるかすればいいのだけど、たまたま抱え込んでしまった子はずっと心に傷を負ってしまう。

そう、まじめに受け止めてしまっただけなのに。

いじめを受けるのは順番。

そこで、いじめ「られたことのある人」で終わらせるのか、「いじめられる人」として生きていくのかは、自分が決めることなのです。
自分で決めていいのです。

あなたは「いじめられる人」なんかじゃない！

自分の「価値」は自分で決める

両親が離婚したり、何かの事情で「自分は捨てられた」――そう思ってしまう子どもや、大人になってもその気持ちを引きずっている人がいます。

そして、その「捨てられた」という強烈な悲しみにフタをしているけれど、何かのきっかけにうずき出して、「怖い」「かわいそう」「言い得ぬ不安」という強烈な思いとなって、突き動かされる。

その、

「突き動かされた」人

「恐怖を感じている」人

は、実はいつも苦しい。

それをまぎらわせるために、いつも笑顔で、いつも楽しく、いつも元気に「心配かけないように」「私は、幸せよ」「私は、楽しく生きているよ」と、がんばって生きている。

ただ、心の奥にいつもある、心の中にいつもある、

「私は、捨てられたんだ」

「私は、捨てられる人なんだ」


という、黒い黒い塊……。そう「思っている」という、苦しみ。


でもそうじゃないのです。

あなたは、確かに捨てられたのかもしれない。

あなたは、連れていってもらえなかったのかもしれない。

でも、**あなたは、「捨てられたことはあるけれど、捨てられる人ではない」**

ということ。

「捨てられるという経験はしたことがあるけれど、捨てられる"ような価値"の人ではない」ということ。

ここを「知る」必要があります。

価値があるのに、捨てる人もいる。

価値に気づかずに、捨てる人もいる。

「そのときの優先順位」で、捨てざるを得ないときもある。

「だから、その人を許しましょう……」と言うつもりはありません。その人を許す必要はない。恨んでもいいのです。許せるほうがラクですが、その前に私は、

- 「捨てられたことはあるけれど、捨てられる人ではない」ということ
- 「捨てられるという経験をしたことはあるけれど、捨てられる『ような価値』の人ではない」ということ

これを「知る」のが大切だと思うのです。

病気になっても、病人になるな

そういう「経験」をしたからといって、「そういう人」にならなくていい。
そういう「体験」をしたからといって、それを「すべて」にしなくていい。
そして、

- 愛されていても、捨てられることもある
- 幸せでも、裏切られることもある
- 幸せでも、タンスの角で小指を打つこともある

ということ。

「出来事」と「自分の価値」は関係ありません。

ただし、「出来事」と「自分が思っている自分の価値」は関係するのです。

「自分が思っている自分の価値」にふさわしい「出来事」が起き続けているのです。

そう、結局は自分の考え方次第で出来事は変わるのです。

そして、その「捨てられた悲しみ」「捨てられた怒り」――それを全部感じて、全部吐き出したら、もしかしたら「しかたねーなー、あのバカ、特別に許してやるか」と、次のステップに進めるかもしれません。

「思い」は吐き出さないと、心の中にたまっていくのです。

そして「私は吐き出している。でも、すっきりしない」ときは、前述の「まだ、本音を吐き出していない」ということなのです。

「本音だと思っていることは、ただの八つ当たり」だということです。

本音を思いっきり吐き出してみる

「幸せ」はここにある

成功したのに、幸せになれない――。


それは、目指す成功が我欲の権化だから。

心にぽっかり空いた穴を埋めるための成功、我欲には際限がありません。

一時的には「達成できた！　スゴイぞ！」と思っても、一瞬で終わってしまいます。またすぐに満足できなくなって、「次、次！」と……。結局いつまでたっても、その繰り返しになってしまいます。


でも、でも、それって本当に幸せ？

「成功」という快楽を求めて、本当に幸せになれる？

いっそのこと、最初から成功なんて「ぽい」って捨てちゃえば？

だいたい、「何が成功か」「何が幸せか」なんて人によって違うもの。そもそも比べられるものではない。

こんな話があります。

江戸時代中期に「臨済宗中興の祖」と呼ばれた、白隠慧鶴《はくいんえかく》禅師という高僧がいました。

その白隠禅師を訪ねてきたある武士が、「極楽と地獄の区別は何ですか？」と問いかけます。白隠禅師は武士に、「お前は誰だ」と問い返しました。武士は「武士です」と答えます。

白隠禅師はそれを聞いて「そなた武士なのに、そんなこともわからぬか」とからかいました。

武士は腹を立て、身につけた剣を取り出し、「無礼もの！」と白隠禅師を斬りつけようとしたその瞬間、

「ほれーっ！　それが地獄じゃ！」

と、白隠禅師は喝破しました。

武士は驚き、すぐ剣を捨て、「なにとぞご無礼をお許しください。ご指導をありがとうございます」と畳に額をこすりつけるようにして、お詫びとお礼を申し上げたそうです。

それを見た白隠禅師は、武士をとがめることもせず「ほれ、それが極楽じゃな」とニコニコしながら言ったとか。

これ、幸せにも当てはまると思いませんか?

いま、「この状態が幸せだ」「幸せは自分の心一つ」と気づくか気づかないかだけなのです。

つまり、誰もが心一つで、一瞬で地獄に、そして一瞬で幸せになれるのです!

極楽も地獄も死んでから行くのではなく、いま、ここにあるのです。

「健康にいい」と知ると、おいしく感じる理由

「うまい、まずい」「暑い、寒い」「楽しい、つまらない」「怖い、怖くない」「痛い、気持ちいい」「大きい、小さい」「太い、細い」「長い、短い」「暗い、明るい」「悲しい、楽しい」「ひどい、優しい」「早い、遅い」「スゴイ、たいしたことない」「豊か、貧しい」「成功、失敗」……。

これらは、全部「主観」――つまり自分で決めていること。それか、誰かに教えられたこと。まだまだ他にも、あげればキリがありません。

定義の違いだったり、前提の違いだったり、ルールの違いだったり。

つまり、これらは全部、

自分が変われば世界は変わる

ということ。「普通」や「常識」も例外ではありません。「ルール」や「法律」ですら、時代や国によって変わってしまう！　問題は解決しなくても、消えてしまう。

考え方が変わった瞬間に、一瞬で消えてしまうのです。

そして、探し求めて、遠いところにあるはずの幸せも、実は目の前にあったりするのです。

自分が変われば世界が変わる

「青い鳥」はどこにいる？

「あれができたら」「これが手に入ったら」「あれがなくなったら」「あそこまで行けたら」――幸せになれる「はず」。
それまでは、幸せなんて言ってはいけない。そんなこと言った瞬間に腑抜けになってしまう。

「足るを知れ」――わかってます。感謝すればいいのでしょ、感謝してますよ。
「生きていることを、ありがたく思いなさい」――はいはい、ありがたいです。
「ご飯があることも、産まれてきたことも奇跡です」――はいはい、知ってますよ。

それより、もっと実績残して、もっと成長して、もっとできるようになって、もっと手に入れて、もっと欠点なくして、もっと、もっと、もっと……。

手に入れたからと言って、安心してはいけない。

手に入れたら防衛戦のはじまりだ。

負けてはいけない
奪われてはいけない
落としてはいけない
失ってはいけない

「ねぇねぇ、いつ幸せになるの？」『……まだまだ、安心できない』
「いやいや、いつ幸せになるの？」『少なくとも、この課題を達成してからだ』
「それができたら、幸せになるの？」『いや、まだまだ気は抜けない』
「ねぇねぇ、いつ幸せになるの？」『この問題を解決してからだな』
「この問題って解決するの？」『難しいね』

「ねぇねぇ、いつ幸せになるの？」『10年後ぐらいかな……』
「それまではダメなの？」『そうだな、幸せなんて思ったら腑抜けになって成長しなくなるからな。いまが幸せとか言って、努力しないバカもいるからな』
「ねぇねぇ、幸せって思ったらダメなの？」『幸せって、そう簡単に手に入るものじゃないんだよ』
「ねぇねぇ、いつ幸せになるの？」『それは、ず……』

あぁっ、もうっ、いいかげんにして！
それでは、100年生きようが、千年生きようが、万年生きようが、幸せには届きません！！！

ダメダメないまも幸せ

「いま」「この状態」「このうまくいっていない現状」を「幸せ～」と言えると、その瞬間に過去と未来が幸せになります。

「幸せ」になってから幸せって言うんじゃなくて、何にもない、何にも叶ってない、ダメダメないまを幸せって言うことが、「本当の幸せ」の第一歩なんです。

言葉を変えると、なんにもない、なんにも叶ってない、ダメダメないまを幸せって言うことが「感謝する」ということ。

「ありがたかったんだ、実は」と「あとで気づける」のです。

幸せと目標は外に求めるのではなく、自分の中に探してみましょう。

「ありがたさ」を噛みしめる

もっと「ゆとり」を持ってみよう

いつも、

「どうすれば〝いい〟のか」「どうしたら〝いい〟のか」「どうすることが正しいのか」「どうするべきなのか」

を考え基準にして、「正解」を探して生きてきませんでしたか。

僕はずっとそうでした。それしかなかった。

本当に大切なことで本当の自分らしさは、どう「したいのか」なのに……。

「みんながそんな好き勝手にしたら、世の中めちゃくちゃになっちゃう！」

なんて言う人もいます。そして好き勝手にしている人に怒る人もいます。

たぶん、本当はそれができないことが、悔しかったんだよね。ずっと。

大人の目から見れば、

- 言うことを聞かない子
- ルールを守らない子
- 好き勝手する子

がいると「やりにくい」から、「ルールを守れ」「好き勝手するな」「秩序を守れ」と言う。

「言うことを聞かない子」は、「大人から」排除されがちです。

でも、「言うことを聞かない子」でも、子ども同士だと大人気の子もけっこう多い。

そして、そんな子を「排除しようとする大人」もいれば、「排除しようとしない大人」もいるのです。排除しようとする大人は、自分自身がルールに縛られて周りばかりを気にして生きています。

本当は、本当は、本当は、自由にしたい。でも、我慢している。

だから、自由にすることがユルセナイ。ルール違反がユルセナイ。

そんなことはアリエナイ。ドウブツトオナジダと排除しようとする。

ルールも守らず好き勝手して生きていると。

頭カッチコッチになっていませんか？

ある人がこんな話をしていました。


その人は、お兄さんお姉さんと10歳以上離れて生まれて、まだ小さい頃から、子どもらしい振る舞いを認められなかったのだとか。

たとえば、電車に乗ったとき。外に食事を食べに行ったとき。

小さい子どもなら、少しぐらいはしゃいでもしょうがないのに、ちょっと騒いだだけで「静かにしなさい！」「言うことを聞きなさい！」と言われ続け。

親戚の集まりでも、周りの大人たちから、まだ小さいから飽きてぐずると「落ち着きがない」と言われ。

家での食事も、家族が食事を終えて居間でくつろぐ中、食べるのが遅くて一人ポツンと「早く食べ終わらない自分が悪いんだ」と思いながら、食べ続けたと。

だから大人になったとき、頭で「子どもは落ち着きがなくて当然。ちょこまか動きまわって当然」とわかっていても、実際にそんな子どもを見るとついイライラしてしまうことがずいぶん続いたそうです。

でも、あるとき「ハッ」と気づいたと。

自分が小さいときにイヤでイヤでしかたがなかったことを、同じように子どもに押し付けようとしてるって。

自分自身がいつしかルールや枠にはめ込まれ過ぎて、そんな考え方しかできなくなっていると。

もちろん、最低限のルールは必要です。

でも、**もっと自分が心地よく過ごしたりしてもいい**と思いませんか？

ある程度の好き勝手をすることも、許すことも、他人をそして自分を好きになることにつながると思うのです。

ある程度「好き勝手」にしてみる

自分のこと、勝手にあきらめてない？

あ、いま、「でもなー」って言ったよね。その直前に何を思った？

「ほんとは○○したい」「ほんとは○○やめたい」って、思ったよね。

「ほんとは○○したい。でもなー……」

「ほんとは○○やめたい。でもなー……」

その**「ほんとは……」にあなたの「やりたい」「やめたい」という、「本音」があるんだ。**
その**「ほんとは……」にあなたの「やりたい」という「使命」がある**のに。
抑えたら、いけません。勝手にあきらめてもいけません。
勝手にないことにしたら、絶対ダメだよ。

勝手にムリだってことにしたら、これも絶対ダメ。

そうやっておいて「本音がわからない」って言うのは、見ないフリをしてるだけだからね。

聞いてる？

あ、また「でもな……」「わかるけど……」って、言ったでしょう（笑）

それを避けておいて、それをやらないで、それを抑えておいて、自分には何もできないとか、やりたいことがわからないとか、使命がわからないとか、言ったらいけませんよ。

そんなときは、いつものように、でも……、どうせ……、自分なんて……、ときたら、続けて、

「素晴らしいわよっ!!!!!」

でまいりましょう。

「どうせ、自分なんて……すばらしいわよ!!」と。

そうやって、早く「条件付き」でない、根拠のない「基礎自信」を作ってし

まえばいいのです。

「できる」「できた」という自信は、簡単に崩れます。

そんなこと続けてたら、自分のこと嫌いになっちゃうよ。

そんな風にすねてたら、世界が歪んでしまうよ。

世界はもっと優しいんだ。

本当の自己実現

明るさとがんばりの奥に、深い悲しみと心の穴があります。

その穴を、外側の何かで埋めようとすることで、人は成長し、一時的な癒しが起きる。多くの人は、これを自己実現と呼び、ここを目指します。

でも、そこには際限がなく、いつまでも心の飢えが続いてしまう。

「がんばったから、愛される」「結果を残したから認められる」――つまり「〜したから」という外側からの条件付きの自信だからです。

そして、「自分が自分の本当の恐怖から逃げていただけ」なのだと知り、「がんばることに逃げずに本気で向かい合った」とき、自分が本当の意味で愛されてきた存在であることがわかります。

何も実現しなくても、罪深くても、素晴らしい存在なのだということに気づいたときから、本物の癒しがはじまります。

それが、本当の意味での自己実現です。

いちばん逃げていたのは、実は自分の素晴らしさからだったりするのです。

自分が逃げていたモノを知る

その「イエス」が人生を変える！

社長さんなど「みんなを引っ張っていく立場にある人」は、こんなことをよく言われると思います。

「イエスマンばかり、集めてちゃダメですよ」って。

もちろん、「そういう側面」もあると思います。でも正直、自分が仕事していて「ノー」ばかり言われても、あんまり楽しくないですよね（笑）。これは立場など関係ない「事実」かと思います。

もちろん、「反対意見は受け付けない！」ということではありませんよ。

まあ、誹謗中傷などの「妬みと恨み」にまみれた意見は、一切受け付けませんがね。

ただ、その「ノー」と言ってそこから動こうとしない人に「違う世界」、そして「今まで拒否してきた世界」「今までタブー視してきた世界」を、「つべこべ言わずに体験」してみてほしいと思うのです。

自分が、

「それは間違っている」と思っている
「それはありえない」と思っている
「それだけはダメだ」と思っている

そこに、実は「正解」と「自由」と「豊かさ」という、「新しい世界」があるからです。

そして僕自身も「ノー」と言い、「それはダメだ」と思ってきた世界を知り、体験してみようと思うのです。

つべこべ言わずに、やってみる

つまり、自分が「ダメ」にしてきたことを「ノー」と言い続ける限り、「そちらの世界」はなかったことになってしまいます。

自分の世界から抜け出せずに、「人生はそのまま」「何ひとつ変わらない」ということになってしまうのです。

会社の仕事でも同じですよね。新人から見たら、

「理不尽なこと」

「意味のないこと」

「非効率なこと」

に「見える」モノにも、ちゃんと意味があり、ちゃんと流れがあり、ちゃん

と大切なものがある。

だから、「つべこべ言わずに一度やってみよう」と、言うしかないことがいっぱいあるのです。

「それはないわ……」が、実は人生をひらくトビラかもしれません。

いつもの「ノー」を「イエス」にしてみる

第4章

「自分」が「自分」を認めよう

「自分を信じる」ことの大切さ

さまざまな問題を解決するにあたって早いのが、「自分に自信を持つ」――つまり「自分を信じる」ということ。

では、自分の何を信じればいいのか。

「自分はできる」と信じれば、それでいいのでしょうか？

そうではなく、**「自分はできてもできなくても愛され認められている。役に立たなくても愛されて嫌われることはない」**と、自分のことを信じること。

それが**「無条件の自信」**です。

だって、「できる」と信じてみてできなかったら、それは挫折にしかなりませんよね。だから、「自分ができるか、できないか」によって自信をつけようとするとかえって、自信がなくなる一方になってしまう気がします。

でも、なかなか「自分に自信を持つ」ことができないため、問題はずっと解決しないし、そもそも問題のないところにまで問題が作られています。

そして、

- がんばる
- 努力する
- 武器を手に入れる
- 欠点をカバーする
- 実績を残す、結果を残す

という間違った方向の「解決方法」――今まで通りの方法に出て、それが手に入らずまた問題が続く……というスパイラルから、一生抜け出せない。

100歳になってもムリ⁉

人生を変える方法は簡単です。

「それはないわ……」
「それだけはないわ……」

と、いままで避けてきたことをやってみる。それだけで、「ありえない……‼」という新しい現実が現れるのです。これを「奇跡」というんです。
神様も苦笑してるね。

「これだけ答えをあげているのに、やらないんだから……」

ってね。

何度も言いますが、「何かができたから自信がつく（条件付き自信）」ではなく、**いま何もなくても自分に自信を持つ「ことにした」ら、何かが変わる**のです。自信が持てるまで待ってたら、100歳になっても自信なんて持てません。

僕はいま、講演会で自分の伝えたいメッセージをメロディに乗せて届けています。そう、ギターを弾いて歌っているのです。

最初は「うまくなってから歌おう」と思っていたのですが、たぶんそうしたら100歳になってもやらない。だから、「うまくなくても歌っちゃえ」という暴挙に出たのです。

不思議なもので、このジャイアンリサイタルもみなさんに好評です。

みんな、優しい!!

いまの自分に自信を持つ

「〜する」のは、難しい？簡単？

僕は、

「○○すればいいんですよ」
「××やめればいいんですよ」

と、よく言います。そうするとたいてい、

「そんなのわかってる」
「それができないから悩んでるんだ」

って怒られます（笑）。
あの、「できなくて当たり前！」ってことです。
たとえば、ゴルフ。止まってる球を、まっすぐ打つだけでいいんです。
……できーーーん（笑）。
たとえば、野球。来た球を、バットに当てて打ち返せばいいんです。
……できーーーーーーん（笑）。
たとえば、英語。単語を覚えてとにかく話せばいいんです。
……できーーーーーーーーん（笑）。
ううっ、ううっ、できる人には簡単なことでも、できない人には死んでもできない。
バンジージャンプ。足つないであるから、ぴょーんって飛べばいいんですよ。

……できーーーーーーん（涙）。できるかっ！　コワくてできるかっ！

で、いいんです。できなくて、いいんです。「できんー」って、笑ってればいいんです。

それで、いいんです。「できない！」って認識するだけで。**できない自分を責めなくていいんです。**

なら、どうして僕は「～すればいい」「～やめればいい」って言うのかといえば……。

「やって（やめて）みない」とわからない

「できないもの」は「できない」と、あきらめるのも一つの手。

ただし、**最初から「どうせ、できないよね」とあきらめるのはナシ**です。それは、**「やって（やめて）みない」とわからない**から。

やって（やめて）みると、案外簡単にコツをつかめるかもしれないし、やっぱり死んでもできないかもしれない。

でも、そんなの「やって（やめて）みない」と、わかりませんよ。私たちは神様でも仏様でもないのですから。

「それができないから、悩んでいる」という、結果ではなく行動に焦点を当ててみましょう。

はいッ、やって（やめて）みて。

……僕は、バンジーの台に立ってみて、怖くて歩いて降りてきました（笑）。

まずは、行動

「自分の運」に静かに乗る

僕は風水を知っているわけでも、占いができるわけでもないのですが、ここ数年は独自の「運気を上げる方法」をやっています。

それは「運の流れ、運気の邪魔をしない」、つまり極力「何とかしようとしない」「ガマンしない」「がんばらない」「もがかない」ということです。

言い方を変えると、「予定を立てない」「行き当たりばったり」「目標を持たない」「計画を立てない」。

そう、いままでの僕の人生の「真逆」です。

「いいかげん」「適当」「なんとかなる」――。僕がいちばんイヤがっていたことです。それをやるようにした。

いいように言うと、

・こだわらない
・自由
・受けいれ
・他力
・信頼

ができるようになった。それは、**「何があっても自分は大丈夫」**という大前提に立って「みた」ということ。

「何が起こっても受けいれる」という覚悟、決意、腹を据えたということ。それは「傷つく覚悟」でもあります。

「がんばる方向」を変えてみる

やりたいことをして
やりたくないことをやめる

でも、そもそもの性質として、僕は「がんばる」とか好きなわけです。
好きだし、なかなかやめられない。
そこでいままでとは、「がんばる方向」を変えたのです。
いままでは

- 何とかしようと
- 勝とうと
- 得ようと
- 傷つかないように
- 怒られないように
- 失敗しないように
- 認められようと

がんばった。「目標」を達成するために、「得る」ためにがんばった。
いまは「そのためなら、寝なくてもやれる」ような、おもしろくてたまらないことに夢中になってがんばっています。

がんばるの「前提」と「質」が変わったのです。

すると、運がよくなりました。運の流れに乗れた気がします。

もともと運はいいほうだと思っていましたが、質が変わりました。


「運」の邪魔をしない。「運」を呼び寄せようとしない。

そこに流れている「自分だけの運」に、ただ静かに乗ればいいのです。その「流れ」には、一見「不運」に見えるものも交じっています。

それさえも、ただ騒がず、ただ慌てず、ただ焦らず、ただ乗る。

乗ってみる、味わってみる。

何があっても、あなたは大丈夫

あなたはすでに「素晴らしい」！と知る

もっと自分が自分の、

「認めてほしい」

「自分の素晴らしさを、わかってほしい」

「自分は、素晴らしいんだ！！」


という気持ちを認めて、叫んでいいのです。

これからは、さらに素晴らしいあなたでいこう。前から素晴らしかったんだけどね。

幸せになるために成功法則を学んでも、そして、成功したとしても、何者かになったとしても、何かを手に入れたとしても、幸せになれるとは限りません。

でも成功してなくても、何も手に入れてなくても「いま」幸せになることはできる。

そうしたら、成功は勝手についてくるのです。勝手にほしいものが手に入ると気づいたのです。

そして、そうなってはじめて、

何にも手にしなくていいんだ
何者かにならなくていいんだ

とわかるのです。いままで知らなかった真逆の世界です。

だから成功法則を学ぶより、「幸せになる方法」を知るだけでいいのです。

知るだけでOK!

自分は、がんばって何かになろうとしなくても、
すでに素晴らしくて
すでに愛されていて
すでに幸せなんだ

と、「知るだけ」でOK!
これが**「自分を認めて、ほめる幸せ法則」**なのです。

気持ちを認めて、叫んでみる

手と心を込め過ぎない

「手を抜く」って、今の日本では悪い言葉みたいに使われるものですが、言いかえると、

心と体を緩めて
リラックスして
自由に
よく見せよう、とか
こうするべき、とか

そういう「しがらみ」、そういう「監視」、そういう「脅迫」から自由になる

こと。

そうすると緊張が解けて、本来のパフォーマンスが出しやすくなります。そこには、「恐れ」がありません。

ということは、

「必死の人」

「必死にしがみついている人」

「必死にがんばっている人」


とは、「前提」が違うということ。

必死になり過ぎて見失うモノ

批評されること、批判されること＝嫌われること
痛い目に遭うこと

仕事を失うこと
笑われること
何かが露呈すること

それらを恐れて、「本当の自分は、そんなことをしなくても素晴らしいんだと忘れて」しまって、いつしか必死になってしまう。

僕も今まで、ずっとそうだったからわかります。


でも、いまはたとえばテレビの収録時にも、テンションは上がりますが緊張はしません。

それは、「手を抜いて」いるから。

「手と心を込め過ぎる」と、かえって「自我」「我欲」でいっぱいになって、本来の力や「他力」の流れを阻害してしまうからです。

なんか、楽しいことが言えたらいいなー

なんか、わかってもらえるといいなー
この人がラクになれたらいいなー

とは、もちろん思います。

でも、「うーん」と相手が納得しなくてもいいし、滑ってもいいし、活躍できなくてもいいし、あとはテレビ局のスタッフの方々が何とかしてくれるし、と思っています。

出張カウンセリングのロケのときでも、「ダメだったら、スタッフみんなとコケましょう」と、笑って撮影に入ります。

するとおもしろいぐらい、楽しい、感動の、大爆笑のロケができあがるのです。

でも、いままでの人生でそんなこと知らなかった！

必死にいいこと言おう
必死に役に立とう
必死に期待に応えよう

と、ガンバルシカシラナカッタもんね。
そりゃ、うまくいかんはずだわ（笑）。

うまく「手を抜く」ことを知る

「ダメでも」ではなく「ダメだから」でいい

「どうせ、愛されてるし」と、わかっているのに苦しい。そんな人もいます。

それが、「愛されているのにダメな自分」です。だからやっぱり、その「ダメ」を何とかしたかった。期待に応えたかった。

でも、できなかった。できるはずもなかった。

その結果、「愛されているのにそれにふさわしくないダメな自分」を責めるしかなかった。


でも、これも残念ながら勘違いです。

「愛されているのにダメな自分」ではなく、「ダメだけど愛されている自分」なんですよ。

さらに言うと「ダメでも」じゃなくて、「ダメだからこそ」かもしれません。

できても愛される
ダメでも愛される
どっちにしても愛される

「愛」って僕は見たことないけれど、たぶんそのへんの石ころのように、ごろごろ転がっているモノなんだと思います。
だから、**「私だから、愛される」**と考えていい。

そういうことに決まっている

「そう思えなくても、愛されている」
「証拠がなくても、愛されている」
「そういうことにすることができなくても、愛されている」

それはなぜかというと、

「そう、決まっているから」

「それは、揺るぎない事実だから」

「本人がそう思おうが、そう思えないでいようが、関係のない宇宙規模で変わらない事実」

だからです。

私だから愛される

あなたはずっと守られている

人気TV番組『はじめてのおつかい』。見たことのある方も、多いと思います。小さな子どもに「おつかい」という名の旅と冒険をさせる、思わず涙を誘う番組です。

僕は、「人生は結局『はじめてのおつかい』と同じなんだろうな」って、よく思うのです。

あの番組では周りでテレビ局のスタッフの方が、本当に何かあったら助けられるように見守ってくれています。

僕たちの場合は、神様が上から心配しながらも、そっと助け舟やヒントを出して見守ってくれているのではないでしょうか。

自分の力で泣きながら、転びながら、ぼろぼろになった買い物袋を引きずりながら成長し、生きていく姿を見守ってくれている。

自分の与えられた役割を、時にくじけながら、時に励まし合いながら、一歩ずつ進んでいく姿も、また見守られている。

神様もその姿に感動しているかもしれない。

一歩一歩、歩いていけばいい

神様という名の、

あなたを守ってくれる存在
あなたを信じてくれる存在

が、生まれてからここまで、そしてこれからもずっと包んでいてくれるのだと思うのです。

だから、

それでいい
迷っていい
悲しんでいい
後悔してもいい
怒ってもいい
うまくいかなくてもいい

あなたが「気づかないだけ」で、あなたは「ちゃんと守られている」から。

そして、もしかして空の上からその様子を見ていたあなたが、

「私なら、もっと上手にお買い物できるもん!!」

「もっと厳しい条件でも乗り越えてやるもん!!」

と、張り切ってこの世に降りてきて、いま、思ったほどうまくいってなくて、悩んでいるだけなのかもしれませんね。

自分は「一人ではない」ことを知る

「誰かのため」は、いったん横へ

受験シーズンになると、毎年思い出すこと。

「がんばる体験」「苦しい体験」「落ちる体験」「受かる体験」……。僕も、全部体験しました。

対極があるから、対極が楽しい。

苦しみを知るから、楽しみも知れる。

どの結果が来ても、

「これは、いいこと。採用」

「これは、悪いこと。不採用」

と言ったところで、受けいれないとしかたがない。逃げても、目をそらしても変わらない。

受け取るまで、何度でも何度でもやってくるのでしょう。

残した給食みたいに。

「前提」はどっち?

いい体験をして「自分は素晴らしい」と思ったり、悪い体験をして「やっぱり自分はダメなんだ」と思ったり、心はクルクル変わる。

こう書いている僕だって、「自分は素晴らしい」けれどイヤなことはあるし、「ありゃ? 素晴らしいと思ってたけどダメなんかな」と、ふと思ってしまうこともある。

それでもなお、「自分は素晴らしい」という前提で行動を起こすのか、「自分はダメだから」という前提で行動を起こすのか。

どちらにしても、その「大前提」を証明する出来事が大量にやってくる。

「セルフイメージを変える」というのは、大前提を変えるということ。

セルフイメージは上げるのではなく、

「すでに、高い」
「すでに、素晴らしい」

という前提に、「変える」だけでいいのです。

そもそも「上げる」必要さえないのです。上げたものは下がるのです。「すでに、そうである」と「知る」だけでいい。

「すでに、そうである」と知って、それに基づく言動をするだけでいい。

そしたら「ムリに」やる必要もないし、何かを「変えよう」とする必要もない。

助けようとしなくてもいいし、変わろうとしなくてもいい。

何かを身につけようとしなくてもいいし、愛されよう、認められようとしなくてもいい。

怒られないようにしなくてもいいし、好かれるための努力もしなくてもいい。

必死にやっていたことをやめて、好きでやっていること、世間に遠慮してやっていなかったことをやればいい。試験に落ちてもいいし、必死に勉強してもいい。勉強なんかしなくて、どこにも引っかからなくてもいい。

誰かのために、がんばらなくていい。誰かの期待に応えようとしなくていい。

失敗したあなたも、とっても素敵。

同時にあなたの周りは、みんな優しい。

失敗しても、あなたは素敵

第5章

あなたは「かけがえのない」存在です！

人生を「次のステップ」に進めるヒント

「いちばん、それはないわー」というところに、答えはある。

「やりたくないこと」をやめて、やりたいことをやればいい。

ただ、**「やりたくないこと」をやめるためには、いちばんやりたくないことをやる必要がある。**

「へっ？　何を言っているの？」と、思ったかもしれませんね。
たとえば、やりたくないことが「いまの仕事」だとします。
でも、やめられない。そこで、「やりたくないこと＝仕事」をやめるためには、
いちばんやりたくなかった、

・安定を手放す覚悟
・やめると言って、人に迷惑をかけたり無責任と言われること
・やめると言って、親から文句を言われること

などを、「やる」必要があるということです。

たとえば、やりたくないことが「いまの夫との結婚生活」だとします。
でも、「いまの結婚生活」をやめるには、

・一人で食っていく覚悟
・「離婚した人」と言われること
・離婚したいと「告げる」こと
・実家に帰って親に頼ること

を「やる」必要がある。

それが「やれない」から、いつまでも現状に甘んじているというわけです。

やるほうがいい？　やらないほうがいい？

いまの自分が、良かれと思ってやっていること
いまの自分が、得意だと思ってやっていること
いまの自分が、やらなければいけないと思ってやっていること
いまの自分が、いちばん認められていること
いまの自分が、なくてはならないと思っていること
いまの自分が、必要とされていること
いまの自分が、いなければいけないと思っている場所にいること

それをやめていくことが、自分を次のステップに進めることになるのだと、うすうす気づいている。

そう、何かを「はじめる」ことよりも。

そして、自分の人生を次のステップに進めるためのヒントも、ここに隠されています。

「やる」には「やめる」勇気も必要

「食べていく」ためのスイッチ

僕のカウンセリングスクールは、「カウンセラー養成」のスクールではありません。僕のカウンセリング手法を、「身につける」ためのスクールです。

つまり、僕のスクールを出ていただくと、「カウンセリングする技術」「自分をカウンセリングできる技術」「自由に豊かに生きる知恵」は、身につきます。セルフイメージも「変わり」ます。

でも、だからといって「カウンセラーで食っていく」というのは、ちょっと話が違うのです。

カウンセラーで食っていくには、「経営」の知識が必要です。どこかにお勤めするのでなければね。

で、「経営」というと話は大きいですが、食っていくには、簡単に言うと「お小遣い帳の大きなやつ」ぐらいは、つけることのできる「知識」が必要です。

・今年一年で、どのくらいの売上が「見込める」のか
・それに対して、どのくらいの「支出（必要経費）」が考えられるのか
・自分が生きていくために、どのくらいの「収入（利益）」が必要で
・そのためには、逆算すると、どのくらいの「売上」が必要なのか
・そして、その「売上」を手にするには、どのくらいの「活動」が必要なのか
・あとから税金を払うには、どれくらい残しておけばいいのか
・仕事を発展させていくには、「投資」用にどれくらい残しておけばいいのか

という、本当にザクッとですが、最低でもこんな感じで大きな小遣い帳程度の「知識」が必要です。

何度も言いますね。「カウンセラーになる」のと、「カウンセラーを職業にする」のと、「カウンセリングの技術を使って、人と自分を幸せにする」のと、同じようですが全部違います。

そして、カウンセラーのみならず、どの職業も「プロ」として生きている人は、「覚悟」と「責任」が違います。

どっちでもいい。どっちもいい

それでも、いまいる場所にぐずぐず不満を抱いて、自分を腐らせていくよりは、飛び込むのもアリです。

そして痛みを伴ってはじめて、いろいろな夢から覚めて、「苦労して」「努力して」「死ぬほどがんばって」「うまくいって」「うまくいかなくて」「挫折して」そのうえで、「苦労しなくても」「努力しなくても」「がんばらなくてもいいんだ」と、本当の悪夢からも覚める。

「いままで幸せだったんだ」ということにも気づける。

結局は、この順番を通るのかなと思います。

そして人生は、何があるかわからないから、おもしろい。

だいたい、

絶望と挫折
夢と希望と憧れ

そんな「刺激」が**「覚悟スイッチ」「本気スイッチ」**を入れてくれます。


それまでは、好きなように生きていればいいと思うのです。

いまいる場所を、さっさと飛び出すのも、いいと思う。

いまいる場所を、楽しい場所にしてみるのも、いいと思う。

どっちでもいい。どっちもいい――ということです。


僕自身も準備していたけれど、その通りにいかず。

まったく準備していなくても、なにかうまくいっている人もいる。

でもそれは、あとにならないとわからないことなので、いまはただ目の前のことに向かっていけばいいのだと思います。

うまくいくのも、学び
失敗するのは、もっと学び

いまに不満があっても、いまよりひどくなければ、不満を言っている〝いま〟が〝幸せだったんだ〟と気づけるのです。ならば〝いま、幸せだ〟でいい。

いま、知ったら、いまからはじめればいい。
知らなかった自分を、笑ってあげればいい。

そして、ただ、どこかで「本気の覚悟」だけがいる。
覚悟って、いままでも言ってきたけれど「何かを捨てる」ことです。

覚悟とは「何かを捨てる」こと

自分を大切にするということ

自分を大切にするって、

自分のやりたいことを、ぐずぐず言わずにやりはじめること。
自分のやりたくないことを、ぐずぐず言わずにさっさとやめること。
自分に厳しくしないこと。自分を甘やかし過ぎないこと。
イヤなことは、勇気を持ってやらないこと。
イヤなことも、時には勇気を出して取り組んでみること。
自分にきちんとお金を使ってあげること。
自分の欲望のままにお金を使わないこと。
イヤなときに、ちゃんと怒ること。

イヤなことでも、すぐに反応するのではなく、受け止めてみること。
我慢して、ずっと続けないこと。我慢して、パターンを崩してみること。
他人のことばかりかまってないで、自分をいちばんに優先すること。
自分のことばかりやってないで、周りの人のことを大事にしてみること。
人に合わせてばかりではなく、時にはわがままを貫くこと。
自分の意見ばかり通すのではなく、時には人に合わせてみること。
短所ばかり何とかしようとしないで、長所もちゃんと認めること。
長所ばかり見ていないで、自分のできないところもちゃんと認めること。
重箱の隅をつついていないで、大きな目で許していくこと。
全部甘々で許していないで、時には汚れた場所を徹底的に追及してみること。
自分を過大評価して、ほめたたえること。
自分を簡単にほめないで、ストイックに追求すること。
まじめ一徹じゃなくて、たまにはバカ騒ぎしてみること。
バカばっかりじゃなく、時にはちゃんとしてみること。
自分で何とかしようとばかりしないで、人に任せてみること。

人に任せてばかりじゃなく、自分でちゃんとしてみること。

自分を苦しめているのは自分

つまり、全部、自分を大切にすること。自分に甘過ぎないこと、厳しすぎないこと。

そして、自分がやってなかったほうを、やってみればいい。

でも、僕もいまだに迷いまくりなのです。迷えばいいのです。

そして、「問題」が起きるときって、「このどちらかに偏っているよ」という、ただの「サイン」なのですから。

それだけの話です。

私がこんなに苦しんでるのは、私を苦しめるあいつのせいだ。

私を苦しめた、あいつのせいだ。

ではなく、
私がこんなに苦しんでるのは、私を苦しめる（責める）私のせいなんだ。
って、早く気づくといいね。

あなたを救えるのは、あなたしかいない。
あなたを苦しめたり責めたりするのも、あなたしかいないから。

え？
あなたを苦しめるあの人のこと、他人だと思ってた？

自分を救えるのは、自分だけ

「がんばらないようにする」本当の理由

僕はいつも、「がんばらないようにしよう」と言っています。

でも、結局は人は一つのタイプではなく、真逆のタイプがいるから「がんばれ!!」って言わないといけない人もいるのです。

がんばって乗り越えてきた人は、他人にも「がんばれ」って言います。それしか、逆境の乗り越え方を知らないから。

そして、がんばってきた人は、そう言われるとうれしい。

でも、がんばれなかったタイプの人は、「がんばれ」って言われると苦しい。

新時代の「三大がんばる」

災害のときに「がんばれ」という言葉を使うと、「もう……がんばれない……よ……」と、悪いことのように言われますが、同じ状況でも「がんばれ」と言われて勇気づけられる人も、いっぱいいるのです。

そこで、これからの新時代「三大がんばる」を、お話しさせていただきます。

1. 勝手にあきらめない（すねない）

2. 勇気を出す（損する）

3. 自分を信じる（素晴らしさ）

「がんばること＝努力や我慢ではない」ということをわかってほしい。

認めてもらいたくて、がんばる

嫌われたくなくて、がんばる

だから、苦しい。**何かから逃げるためにがんばるのではなく、自分のタブーを壊すためにがんばる。**

嫌われる覚悟
認めてもらえない覚悟

をすると、新しい世界があることに気づきます。
その瞬間、世界がぱっと変わります。

がんばること＝努力や我慢ではない

幸せになることは、決定している

「助けてください」

「どうか救ってください」

「どうすればいいですか」


というメールをたくさんいただきます。

残念、ムリです。というか、「どうすればいいか」を、毎日ブログなどで山ほど書いてるやんか。

でもね、一つだけ覚えておいてください。

いま、救われたいあなたが、

僕のブログに出会ってくれたこと
僕の本に出会ってくれたこと
僕をたまたまテレビで見てくれたこと

それは、「これから、あなたは救われる」と「決まった！！！」ということなのです。

僕は、あなたのことを救えませんし、そもそも、救うつもりもありません。

僕が書く本も、ブログも、「救う」つもりで書いているわけではなく、僕が「書きたい」から書いているのです。


本当のこと言うと、僕自身も、いまだにたくさんの「するべき」「するべきでない」「しなければ」「してはいけない」という、自分の中のしがらみを持っています。

つまり、目の前にやってくる出来事に、すぐに「○」や「×」をつけてしまいがちです。

その「○」「×」をなるべくやめるようにして、発見し、「おもしろかったこと」を一つ一つ書いてきたのです。

許す方法とか、自信を持つ方法とか、ね。

看板を立てるだけ

カウンセラーになりたての頃は、悩んでいる人を見て「救わなければ」と思えば思うほどに、目の前の人を「かわいそうな人」「弱い人」「問題のある人」に盛り上げてしまっていました。

だから、それを、やめました。

この人は、ただの、

「いま、悩んでいる人」

「いま、たまたま苦しんでいる人」

「いま、道に迷っている人」

「いままで、道に迷ってきた人」

と思うことにした。

だから、交番のおまわりさんよろしく、地図を見せて「こっちですよ」と言う「係」の人になりました。ただ、それだけのお仕事です（笑）。

もしくは、先のほうで楽しいことをいっぱいやって、「こっちだよー」っておびき寄せるとか（笑）。

まぁ、時には、おばあさんの手をひいたり、おぶって行ったりすることもあるけれど、そうしてしまうことで、他の道に迷った人の案内ができなくなってしまうから、最近はそれもやらなくなりました。

では最近は何をしているのか。

最近はよく聞かれる道に、⇒矢じるし看板を立ててるだけでよかったりします。でも、世の中にはあまのじゃくがいて、聞かれて「こっちが、目的地ですよ」と言っているのに、

「いや、そっちにはクマがいる」とか（クマ！）
「信用できない」とか（できないの⁉）
「お金取るんでしょ」とか（笑）
「どこへ連れて行こうとしているの」（！！！　目的地でしょうが！）

とか言って、なかなか目的地に向かわない人もいるので、そういう人は自由に迷ってもらうことにしています。

また、「もう、歩けなーい」とおチビちゃんよろしく、

「おぶってー（助けてー）、連れてってー」


と、道端でひっくり返ってダダをこねる人もいる。

ええ、ダダこねててください。僕は、ニコニコ笑いながら見ています。

そう、世界一冷たいカウンセラーです（でもまぁ、その救われたい苦しさもわかるし、救ってくれない人に腹が立つのもわかるよ）。

だって、あなたは僕と出逢ったから、もう幸せになることは決定！！！　です。

僕がニコニコ笑っていたら、泣き顔のまま、すっくと立ち上がって歩きはじめるのです。転んでしまったおチビちゃんが、親が手を貸さずに見守っているだけで、そのうち涙を拭いて立ち上がるのと一緒です。

僕がカウンセリングしなくても、僕が何を教えなくても、僕が救わなくても、あなたは救わ「れる」人なのです。


たとえ、どんな目に遭ってきたとしても、たとえ、どんな罪を背負っていたとしても、たとえ、何ができなくても、そして、実は僕と出逢わなくても、**幸せになることは「そもそも」決定している**人なのですから。

がんばれよー！

あなたは幸せになれる人

ムダなプライドが、みんなを不幸に

前項を読んでいて、「やっぱり（!?）……助けてくれないの……」と、思ったあなた。

「やっぱり」って言った、てぇことは、おまいさん（笑）、「そもそも自分は救ってもらえない」って前提で、生きてるんじゃないかい？

だから、なんでも、「自分でやらなきゃ」ってがんばって……。まぁそれはそれでいいのですが。

でも、「なんでも自分で」ってことは、「助けてもらいません」って宣言しているようなもの。これ、言いかえると、「あなたの愛情はいりません！」って拒否してるのと同じなんです。

挙句、

「やっぱり助けてもらえない」

となるわけです。

これを、**「愛情の受け取り拒否」**といいます。受け取り拒否されると、相手はとてもとても悲しいもの。

「助けはいりません」は、

「あなたの世話にはなりませぬ」

「あなたに手伝ってもらうほど落ちぶれてないわ」

「あなたに私は手伝えないでしょ」

と言うぐらいの勢いも、時には持つからです。

まぁ、助けるつもりもないのに、「手伝おうか」といい人ぶって言ってみておいて、「いや、自分でやる」と言われて、ほっとすることもあるのも事実は、事実ですが（笑）。

「がんばらない」ただ、それだけで

ハッキリ言って、あなたが、がんばればがんばるほど、周りの人をダメにしてしまいます。

もう、意地を張らずに
もう、勝手に孤独にならずに
もう、できる子ぶらずに
もう、人の期待に応えようとがんばらないで

誰かに、あなたの周りの人に、**「助けて」「手伝って」と「ちゃんと言えば」いい**のです。

まぁ、相手にも都合と能力があるから、あなたが「助けて」と言ったからといって、１００％助けられるということはありません。

相手も、忙しかったり、たまたま気づかなかったり、助ける時間と体力とお金がなかったりもします。

そのときに、「やっぱり……」と、いちいち落ち込まないこと。

大事なのは「助けて」と言う、「本音」を口に出すことなのですから。

人に向かって、いきなり言えないときには、自分一人のときでいいから、「助けて」と言葉を口にする練習をしておきましょう。

つまり、ガス抜き。もう、それだけでも大きな一歩です。

あ、そうそう、部下や目下の人とかにも、「助けて」って言ってしまっていい。うまく甘えてしまいましょう。人は頼られると、とってもうれしいもの。

あなたもそうではありませんか？

「助けて」と口に出す

周りの人が自分の鏡

こういう話をしていると、必ず出てくるのは「助けて」と言われた側の人が、苦しくなるという意見。

その「かわいそう」を何とかしたくて
その「期待」に応えたくて

結局、がんばってしまう（笑）。ちーん。
うーん、どう転んでもがんばるしかないのか。そこで出てくるのが「損」の話です。

「助けて」って言えない人の「損」は、「助けて」って言うことで、自分が「できない人だと思われる」という損ですよね。

今回の「助けて」と言われて困っている人の「損」は、「断って」「助けられない無力な人」「助けない冷たい人と思われる」損ですよね。

結局はどちらも、「人からどう思われるか」が最大の判断基準になっているわけです。

そして「助けて」と言われて困っている人が「ムリ」「ダメ」「ごめん」「やらない」と言うことは、そうやってヘルプを断れない人にとっては、身を裂くような思いだと思います。

大切な人を、義理のある人を、今まで助けてくれた人を、「裏切る」ということも含まれる。

そして、その結果、「自分さえ我慢すれば、みんな幸せ」という「自己犠牲」につながってしまいます。

でも、それでいったい、何の幸せがあるのでしょうか。それは「逃げ」です。

それを続ける限り、その人の周りには、「不幸な人」が増え続けるのです。

「人を助けるのが使命です」と言う人もいます。もちろん、素晴らしい。

でも、「人を助けるのが使命」ということは、「人を助けない自分」が怖いわけです。「人を助けていないと自分には価値がない」という、「恐れ」を握りしめています。

だから、それを「使命」にしてしまうと、「かわいそうな獲物」を探すことが「使命」になる。で、それが「使命」だと、「かわいそうな人」が幸せになるとうれしいけれど、「かわいそうな人」には、いつまでも感謝してほしいし、いつまでも獲物でいてほしい。

かわいそうな人、命！！！になってしまうのです。

自由に豊かに楽しく生きてる？

「助けたい」という思いが「強過ぎる」ときは、その「助けたい」という思いが自分の中の「罪悪感」から来ていることに、早く気づいてほしいのです。

そうでないと、無意識のうちにどんどん、「かわいそうな人」や「悪者」を増やしてしまう。

人を助けるのは、もちろん大切なこと。

だけど、「私は、大丈夫」「あなたは、かわいそう」という、つまり、「私は、助ける側の人」「あなたは、助けられる人」というこのスタンスは手放してほしい。

僕が考える**「人の使命」**は、**「自分が自由に豊かに楽しく生きること」**だと思っています。

周りの人は自分の鏡なのだから、**「周りの人を幸せにするいちばん簡単な方**

法は、自分が幸せになること」だと、そう思うのです。

決して、「人を助けることで自分を満たしてはいけない」とも思います。

「人の役に立つ」ことで幸せを得るということは、「自分は役に立たない人間」という大前提になってしまうのです。


自分が幸せに、「やりたいこと」をやり続ける。

その「結果」として周りの人が幸せになるといいなぁ、と思うのです。

だから、好きで好きで仕方ないことに、もっと時間を使ってほしいと、そう強く思うのです。

まずは自分が幸せになる

「損」することで見えるモノもある

言いなりになってきた
されるがままにしてきた
いつもダメ出しをされてきた

……そんな人は、どんどん自信をなくしてしまいます。

自分の力を、出すことをあきらめてしまいます。

ただ、別の言い方をすれば、そうされることに「甘んじてきた」ともいえます。

つまり、何かをあきらめて、「そうされること」を受けいれると、「自分が決めてきた」というわけです。

じゃあ、どうすればいいのか。

それは、もう、たった一つです。

「損しよう」

たったこれだけです。そう、また「損」のお話（笑）。

「自分の人生」を取り戻すために

たぶん、そんな人にとっての「いちばんの損」は、そうやって「愛情」や「優しさ」からかまって世話してくれた人、そして、ダメ出しをしてきた人を、全力ではねのける勇気だと思うのです。

かわいげない
恩知らず
素直じゃない

そう言われてしまうかもしれない。でも、「自分らしさ」を失ってしまった、
そんなあなたが、自分自身を取り戻すには

「うるさい！！！」
「好きにやらせろ！！！」

と、叫ぶことです。

「かわいげない」と言われても
「恩知らず」と言われても
「素直じゃない」と言われても

そう、叫ぶ。
その勇気で、あきらめの人生から、自分の人生を取り戻してみてください。
現状を破壊してしまうのです。

「あなたのためよ」とか
「気をつけなさい」とか
「もう、だから言ったでしょ」とか
「私がしてあげる」とか

全部、全部、蹴散らしてしまえ！

声を出し、叫ぶ勇気

おわりに

やっぱり、「いまのままのあなた」も素敵

ここまで、お付き合いくださいましてありがとうございます。

エピソードの中には、

「ちょっと、これは無理……かな」

「ええっ、恥ずかしいよ！」

「これは、違うんじゃない？」

「いくらなんでも、できないよ！　こんなの！」


というものもあったかもしれません。

……あったかもしれませんが、ひとまず、その気持ちは横に置いて、受け止めてやってみてくださいね。

まずは、ダマされたと思って信じて〝みて〟ください。

〝答え〟は、いままで信じていたことの逆にあるのです。

そして、「はじめに」で僕が、あなたは、

素晴らしい人で、
いまのままでも十分素敵で、
かけがえのない存在

と書いた本当の意味が伝わっているとうれしいです。

本文でも何度も書いているように、昔、僕にもどうにも自分が好きになれなくて、他人がうらやましくて、すねていた時期がありました。

そしていまでも、たまにそんな感情が、頭をもたげてきそうになることもあります。

だから、つい「誰かがうらやましい病」にかかってしまう人の気持ちもよく理解できます。痛いほどに。悩む気持ちもわかります。

ただ、それが「自分の思い込み」「自分の勘違い」であることもすでに書いた通りです。

モノのとらえ方・考え方一つで、目の前の景色はまったく変わって見えます。

同時に、「いままで〝自分だ〟と思っていた〝自分〟」の姿も、まったく変わって見えるはずです。

自分を磨いたり、何かを足さなくても、あなたはそのままでいいのです。

ぜひ、自分を大切にして、自信を持って、自分に正直に——本音で毎日を過ごしてみてください。

くれぐれも、「嫉妬」「悪口」「陰口」「いやみ」なんてことに、大事な時間を使わないでくださいね。

自分を必要以上に責めたりしないでくださいね。

そして、これからいつも心柔らかく、穏やかにいられればいいのですが、そうもいかない場合も生きていくうえでは多々あるかと思います。

むしろ、思い通りにいかないことのほうが多いかもしれないし、「イラッ」としてしまうこともあると思います。

そんなときでも、「自分が大好き」で「自分を信じる」ことが、できるあなたでいてください。

大丈夫！　どうせあなたは愛されています！

心屋仁之助

「私が、世界一素晴らしいんだ——！」と
堂々と叫んでしまえ！

著者紹介

心屋仁之助（こころや・じんのすけ）

性格リフォーム心理カウンセラー
兵庫県生まれ。大手企業の管理職として勤務していたが、家族の問題がきっかけで心理療法を学びはじめ、「自分の性格を変えることで問題を解決する」という「性格リフォーム」心理カウンセラーとして、現在活躍中。

京都を拠点に、全国各地でセミナー活動やカウンセリングスクールを運営。その心理手法は毎月の予約がなかなか取れないほどの人気を博している。

発行するメールマガジン「たった一言！　あなたの性格は変えられる！」が３万人の読者に購読されているのをはじめ、公式ブログ「心が風に、なる」は月間６００万アクセス、テレビ出演においても評判を呼んでいる。

著書に『人間関係が「しんどい！」と思ったら読む本』（中経出版）、『心屋仁之助の心配しすぎなくてもだいじょうぶ』（三笠書房《王様文庫》）、『がんばっても報われない本当の理由』（ＰＨＰ研究所）などベスト・ロングセラー他、多数。

●公式ホームページ
http://www.kokoro-ya.jp/　←「心屋」で検索

●公式ブログ
http://ameblo.jp/kokoro-ya/

“なんであの人《ひと》ばっかり！”“どうせ自分《じぶん》なんて……”

「うらやましい」と思《おも》ったとき読《よ》む本《ほん》　〈検印省略〉

2014年　5　月　18　日　第　1　刷発行
2014年　6　月　16　日　第　3　刷発行

著　者――心屋 仁之助（こころや・じんのすけ）
発行者――佐藤 和夫

発行所――株式会社あさ出版
〒171-0022　東京都豊島区南池袋 2-9-9 第一池袋ホワイトビル 6F
電　話　03 (3983) 3225 (販売)
03 (3983) 3227 (編集)
F A X　03 (3983) 3226
U R L　http://www.asa21.com/
E-mail　info@asa21.com
振　替　00160-1-720619

印刷・製本　神谷印刷 (株)

facebook　http://www.facebook.com/asapublishing
twitter　http://twitter.com/asapublishing

ISBN978-4-86063-685-2 C0030